Te presento a mis abuelos

Meet My Grandparents

J. Jean Robertson
traducido por David Mallick

Rourke
Publishing LLC
Vero Beach, Florida 32964

© 2007 Rourke Publishing LLC

All rights reserved. No part of this book may be reproduced or utilized in any form or by any means, electronic or mechanical including photocopying, recording, or by any information storage and retrieval system without permission in writing from the publisher.

www.rourkepublishing.com

PHOTO CREDITS: © Jose Luis Pelaez Inc, Getty images: cover; © JenD: page 4; © hisele: page 6; © pavel losevsky: page 8; © Piotr Przeszlo: page 10; © Maartje van Caspel: page 12; © Sharon Dominick: page 14; © Bonnie Jacobs: page 16; © Luana Mitten: page 18; © Thomas Mounsey: page 20; © Yvonne Chamberlain: page 22

Editor: Robert Stengard-Olliges

Cover design by Nicola Stratford

Library of Congress Cataloging-in-Publication Data

Robertson, J. Jean.
  Como llegara (Meet my grandparents) / J. Jean Robertson.
    p. cm. -- (The world around me)
  ISBN 1-60044-301-X

Printed in the USA

CG/CG

www.rourkepublishing.com – sales@rourkepublishing.com
Post Office Box 3328, Vero Beach, FL 32964

Contenido
Table of Contents

Conocer a los abuelos / Meeting Grandfathers   4
Conocer a las abuelas / Meeting Grandmothers   14
Glosario / Glossary   24
Índice / Index   24

Conocer a los abuelos
Meeting Grandfathers

Mi nombre es Carmina. Éste es mi abuelo. Su familia vino a Estados Unidos desde Cuba. Lo llamo Abuelito. Nos gusta mucho jugar juntos.

My name is Carmina. This is my grandfather. His family came to America from Cuba. I call him Abuelo. We like playing games together.

Mi nombre es Sammy. Éste es mi abuelo. Su familia vino a Estados Unidos desde Jamaica. Lo llamo Poppa. Me encanta que nos visite.

My name is Sammy. This is my grandfather. His family came to America from Jamaica. I call him Poppa. I like it when he visits me and my Mom.

Mi nombre es Ari. Éste es mi abuelo. Su familia vino a Estados Unidos desde Finlandia. Lo llamo Ukki. Me gusta sentarme sobre sus hombros.

My name is Ari. This is may grandfather. His family came to America from Finland. I call him Ukki. I like riding up high on his shoulders.

Mi nombre es Tony. Éste es mi abuelo. Su familia vino a Estados Unidos desde Italia. Lo llamo **Nonno**. Me gusta que me cuente cuentos graciosos.

My name is Tony. This is my grandfather. His family came to America from Italy. I call him **Nonno**. I like it when he tells me funny stories.

Mi nombre es Levi. Éste es mi abuelo. Su familia vino a Estados Unidos desde Israel. Lo llamo Sabba. Nos gusta hacer bolas de nieve juntos.

My name is Levi. This is my grandfather. His family came to America from Israel. I call him Sabba. We like making snowballs together.

Conocer a las abuelas
Meeting Grandmothers

 Mi nombre es Blaire. Ésta es mi abuela. Su familia vino a Estados Unidos desde Escocia. La llamo Grannie. Nos gusta compartir secretos.

 My name is Blaire. This is my grandmother. Her family came to America from Scotland. I call her Grannie. We love sharing secrets.

Mi nombre es Tandi. Ésta es mi abuela. Su familia vino a Estados Unidos desde Sudáfrica. Mi hermana Sezeka y yo la llamamos Mmukulu. Nos gusta ir de compras juntas.

My name is Tandi. This is my grandmother. Her family came to America from South Africa. My sister, Sezeka, and I call her Mmukulu. We like shopping together.

Mi nombre es Luis. Ésta es mi abuela. Su familia vino a Estados Unidos desde España. La llamo **Abuelita**. Nos gusta cocinar juntos.

My name is Luis. This is my grandmother. Her family came to America from Spain. I call her **Abuela**. We like cooking together.

　Mi nombre es Michail. Ésta es mi abuela. Su familia vino a Estados Unidos desde Rusia. La llamo Babushka. Nos gusta darles de comer a los pájaros juntos.

　My name is Michail. This is my grandmother. Her family came to America from Russia. I call her Babushka. We like feeding the birds together.

Mi nombre es Hans. Ésta es mi abuela. Su famila vino a Estados Unidos desde Holanda. Mi hermano Peter y yo la llamamos **Oma**. Nos gusta leer juntos.

My name is Hans. This is my grandmother. Her family came to America from The Netherlands. My little brother, Peter, and I call her **Oma**. We love reading books together!

Glosario / Glossary
Abuelita — otro nombre para una abuela
Abuela (ab WAY la) — Spanish word for Grandmother
Nonno — nombre italiano para un abuelo
Nonno (nah NO) — Italian word for Grandmother
Oma — nombre holandés para una abuela
Oma (o MA) — Dutch word for Grandmother

Índice
Sudáfrica   16, 17
Cuba   4, 5
Escocia   14, 15
España   18, 19
Finlandia   8, 9
Holanda   22, 23
Israel   12, 13
Italia   10, 11
Jamaica   6, 7
Rusia   20, 21

Index
Cuba   4, 5
Finland   8, 9
Israel   12, 13
Italy   10, 11
Jamaica   6, 7
Netherlands   22, 23
Russia   20, 21
Scotland   14, 15
South Africa   16, 17
Spain   18, 19

Lecturas adicionales / Further Reading
Koutsky, Jan. *My Grandma, My Penpal*. Boyds Mills, 2002.
Parr, Todd. *The Grandma Book*. Little Brown, 2006.

Sitios web para visitar / Websites To Visit
http://www.grandparents-day.com
http://www.seniorjournal.com/Grandparents.htm

Sobre la autora / About The Author
J. Jean Robertson se graduó de University of Northern Colorado en economía doméstica e inglés. Obtuvo otras certificaciones con estudios adicionales. Desde 1956, Jean ha enseñado desde el nivel pre-escolar hasta el universitario, dedicando tiempo a criar a sus cuatro hijos. Actualmente enseña sólo como maestra sustituta, lo que le permite pasar más tiempo con su esposo, sus hijos y sus nietos.

J. Jean Robertson graduated from the University of Northern Colorado with a major in Home Economics and a minor in English. Additional education added to her areas of certification. Jean has taught from pre-school to the college level since l956, with some time out for raising her four children. Currently, Jean teaches only as a substitute, freeing her schedule to enjoy her husband, children, and grandchildren.